BEI GRIN MACHT SICH IHR WISSEN BEZAHLT

- Wir veröffentlichen Ihre Hausarbeit,
  Bachelor- und Masterarbeit

- Ihr eigenes eBook und Buch -
  weltweit in allen wichtigen Shops

- Verdienen Sie an jedem Verkauf

Jetzt bei www.GRIN.com hochladen
und kostenlos publizieren

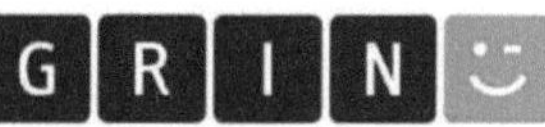

Ernst Probst

Judy Garland - Der unglückliche Hollywood-Star

GRIN Verlag

Bibliografische Information der Deutschen Nationalbibliothek:

Die Deutsche Bibliothek verzeichnet diese Publikation in der Deutschen National-
bibliografie; detaillierte bibliografische Daten sind im Internet über http://dnb.d-
nb.de/ abrufbar.

Impressum:

Copyright © 2012 GRIN Verlag, Open Publishing GmbH
Druck und Bindung: Books on Demand GmbH, Norderstedt Germany
ISBN: 978-3-656-18935-0

Dieses Buch bei GRIN:

http://www.grin.com/de/e-book/193687/judy-garland-der-unglueckliche-hollywood-
star

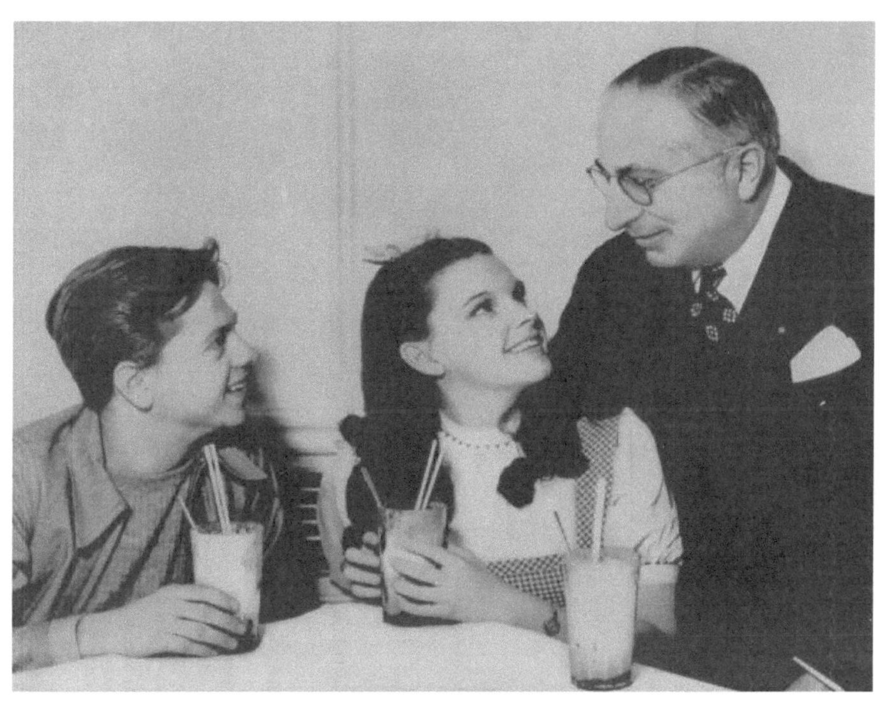

Judy Garland (1922–1969), Mitte,
mit dem Schauspieler Mickey Rooney (links)
und „MGM“-Studiochef
Louis B. Mayer (rechts)

Ernst Probst

Judy Garland

Der unglückliche Hollywood-Star

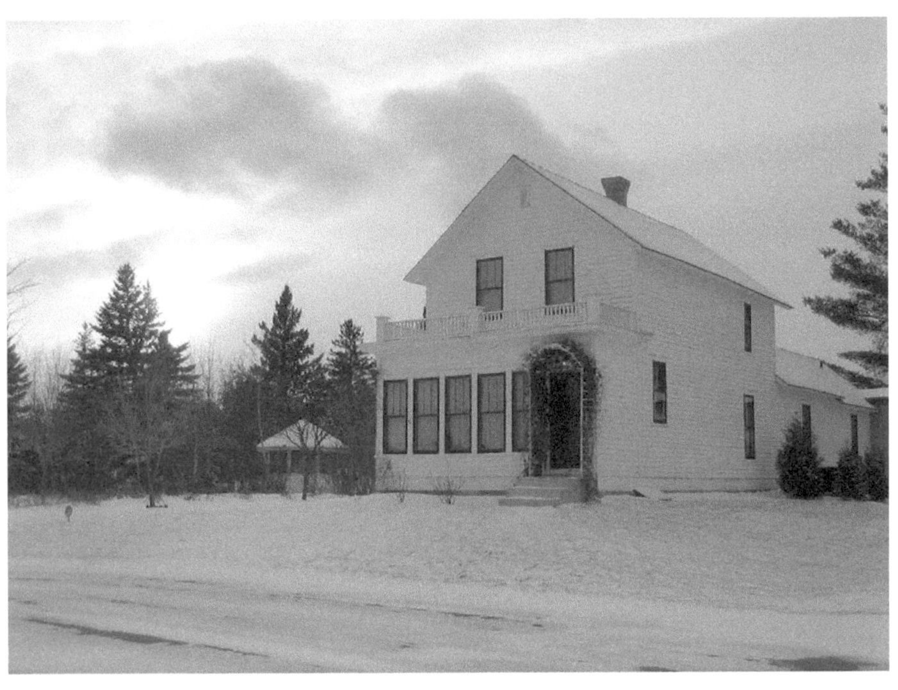

*Geburtshaus von Judy Garland
im verschneiten Grand Rapids (Minnesota)
im November 2005*

Judy Garland

Der unglückliche Hollywood-Star

Zu den erfolgreichsten, aber auch unglücklichsten Hollywoodstars gehörte die Schauspielerin, Sängerin und Tänzerin Judy Garland (1922–1969), eigentlich Frances Ethel Gumm. Einerseits spielte sie sich dank ihres großen Talents an die Spitze der amerikanischen Filmdarstellerinnen. Andererseits trübten Pillenabhängigkeit, fünf gescheiterte Ehen, Selbstmordversuche, Gerichtsprozesse und Nervenzusammenbrüche ihre märchenhafte Karriere.

Frances Ethel Gumm kam am 10. Juni 1922 als drittes Kind von Frank Avant und Ethel Marian Gumm in Grand Rapids (Minnesota) zur Welt. In einer Kurzbiografie über sie heißt es, sie sei in einem Koffer geboren worden. Sie hatte zwei ältere Schwestern namens Sue und Virginia, die 1916 bzw. 1919 zur Welt kamen. Ihr Vater betrieb damals ein Filmtheater in Grand Rapids. Die Familie trat bei Filmvorführungen während der Pausen in ihrem Kino mit Gesangs- und Tanznummern auf.

Frances war zwei Jahre alt, als ihre Eltern ihr Haus verkauften und nach Kalifornien zogen. Dies taten sie in der Hoffnung, in Hollywood vom Film entdeckt zu werden. In Lancaster (Kalifornien) übernahm der Vater wieder ein Filmtheater. Bereits als Dreijährige stand Frances im Filmtheater ihres Vaters auf der Bühne und schon als Fünfjährige war sie eine Saison-Komödiantin. Die Eltern von Frances zogen 1927 nach Los Angeles (Kalifornien). Dort besuchte Frances die Volksschule und von 1929 bis 1931 die „Lawler's Professional School". 1929 stand die siebenjährige Frances zusammen mit ihren zwei Schwestern Sue und Virginia erstmals vor der Filmkamera. Dabei sang sie das Lied „That's the Good Old Sunny South". Ihr Debüt auf der Kinoleinwand feierte sie in dem Film „The Big Revue" (1929).

Bei Tourneen durch die USA wirkte Frances mit ihren Geschwistern als „Gumm Sisters" in Vaudeville-Shows und später als „Garland Sisters" mit. Star dieser Shows war die jüngste Tochter Frances. Die drei Schwestern durften 1933 auf der Weltausstellung in Chicago auftreten.

Ab 1934 trat Frances Ethel Gumm unter dem Künstlernamen Judy Garland auf. Dazu wurde sie vermutlich durch den Namen des Schauspielkritikers Robert Garland (1895–1960) inspiriert.

Bei einem Auftritt in einem schäbigen Freilichtkino von Lancester (Kalifornien) entdeckte der Talentsucher Jack Robbins (1894–1959) die Zwölfjährige. Er verschaffte ihr 1935 beim Filmstudio „Metro-Goldwyn-Mayer" („MGM") einen siebenjährigen Vertrag als Kindergesangsstar. Während dieser Zeit starb der Vater an Kinderlähmung (Poliomyelitis).

Der erste Film von „MGM", in dem man Judy Garland sah, hieß „Every Sunday" (1936). Diesen Streifen drehte sie zusammen mit Deanna Durbin. Judy spielte ihre Rolle so selbstsicher, dass das Filmstudio auf die Option verzichtete, auch Deanna Durbin einen Vertrag anzubieten.

Eine wichtige Rolle hatte Judy Garland in dem Film „Broadway Melody of 1938" (1937). Darin sang sie das Lied „Dear Mister Gable". In „Love Finds Andy Hardy" (1938) trat sie an der Seite von Mickey Rooney auf.

Während das kräftige kleine Mädchen seine ersten Rollen spielte, setzte man es auf Hungerdiät, weil der Produzent Arthur Freed eine schlanke Tänzerin aus ihm machen wollte. Wegen der Gewichtsprobleme wurde Judy als Teenager von Tabletten abhängig, als Erwachsene schluckte sie wegen Stress Pillen.

Zum Star avancierte Judy Garland durch den Film „The Wizard of Oz" („Der Zauberer von Oz", 1939). Dabei handelte es sich um die Verfilmung eines Kinderbuch-Klassikers von Lyman Frank Baum (1856–1919). In jenem Fantasy-Musical spielte die junge Judy das kleine Mädchen Dorothy, das sein Heil über dem Regenbogen sucht und den Zauberer finden möchte. Rührend sang sie das Lied „Over the Rainbow", das beinahe dem Schnitt zum Opfer gefallen wäre. Bei den Dreharbeiten verbrannte sich Margaret Hamilton (1902–1985) als böse

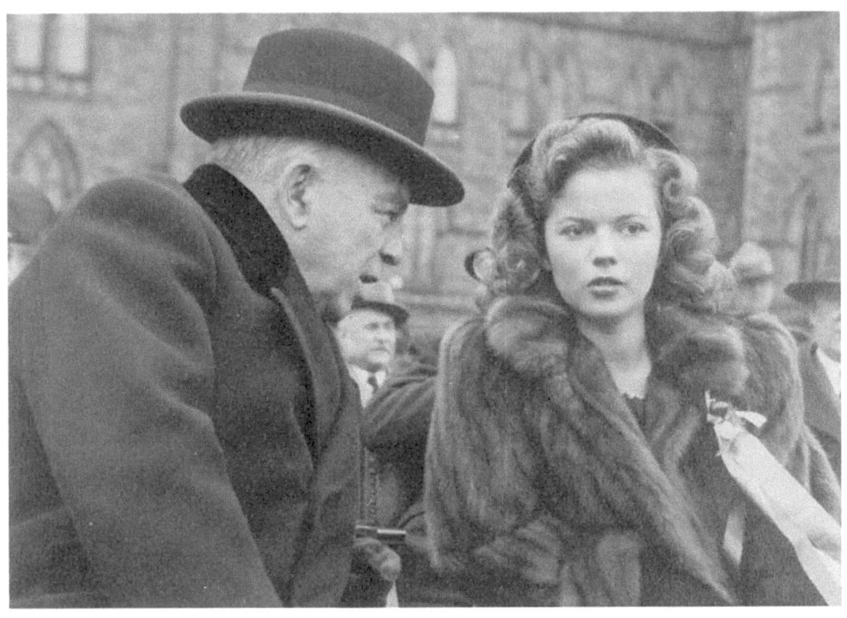

Shirley Temple (rechts)

Hexe die rechte Hand und das Gesicht, als ihr Besen Feuer fing. Ursprünglich hätte Shirley Temple die Rolle der Dorothy in „The Wizard of Oz" übernehmen sollen. Doch die Vertragsverhandlungen mit deren Filmstudio „20th Century Fox" scheiterten. Für ihre überzeugende schauspielerische Leistung erhielt Judy den damals noch vergebenen „Juvenile Oscar" für jugendliche Darsteller. „Wizard of Oz" gilt noch heute als einer der bekanntesten Filme in den USA. Figuren und Handlung wurden Bestandteile des Allgemeinwissens in den Vereinigten Staaten. Nach diesem Riesenerfolg wirkte Judy Garland in vielen anderen Musicals von „MGM" mit. Als herausragendes Beispiel des Stils von „MGM" gilt der Streifen „Meet Me in St. Louis" (1944), einem der fast 20 Filme, in denen Judy in den 1940-er Jahren zu sehen war.

Mit ihrer wohltuenden Stimme und ihrem schauspielerischen Talent begeisterte Judy Garland fortan immer mehr das Kinopublikum. Ihr besessener Arbeitseifer und ihr hektisches Privatleben schadeten jedoch in den Folgejahren zunehmend ihrer Gesundheit. Als 21-Jährige suchte sie Psychiater auf. Mit 27 erlitt sie bei den Aufnahmen zu „Annie Get Your Gun" ihren ersten Nervenzusammenbruch, worauf ihre Rolle anderweitig besetzt wurde.

Nach einer längeren Pause spielte Judy Garland mit Gene Kelly in „Sommer Stock" (1950) und sollte danach mit Fred Astaire (1899–1987) in „Royal Wedding" („Kö-

nigliche Hochzeit", 1951) auftreten. Doch mitten während der Dreharbeiten blieb sie dem Studio fern, was die „MGM" umgerechnet fünf Millionen Mark kostete. Außerdem unternahm sie wegen ihres unglücklich verlaufenden Privatlebens in katastrophaler körperlicher und seelischer Verfassung einen Selbstmordversuch.
Im Juni 1950 wurde Judy Garland vom Filmstudio „MGM" fristlos entlassen. Später erhob sie schwere Vorwürfe gegen „MGM" und ihre Mutter, die sie aus finanziellen Interessen rücksichtslos ausgebeutet hätten.
Judy Garland verließ Hollywood und erlebte nun eine schwere Zeit. Einerseits hatte sie berühmte Freunde wie den US-Präsidenten John F. Kennedy (1917–1963), andererseits litt sie unter chronischem Geldmangel.
Judy Garlands Manager und dritter Mann, Sidney Luft, ermunterte seine Frau nach deren Genesung in einem Sanatorium, eine eigene Revue zu starten. 1951 kehrte Judy auf die Bühne zurück, tourte mit einer Gesangsshow durch die USA und begeisterte mit Liedern aus ihren Filmhits das Publikum. Als Sängerin feierte sie noch größere Erfolge als beim Film. Insgesamt gab sie mehr als 1.500 Konzerte und galt jahrelang als bestbezahlte Bühnenkünstlerin der Welt. Ihr Doppelalbum „Judy at Carnegie Hall" (1961) erreichte den ersten Platz in den Popcharts der USA und erhielt fünf „Grammy Awards".
Nach vier Jahren feierte Judy Garland neben James Mason (1909–1984) mit ihrer Hauptrolle in dem Film

„A Star is born" („Ein neuer Stern am Himmel", 1954) ein glänzendes Comeback auf der Kinoleinwand. In diesem Streifen spielte sie die Rolle ihres Lebens mit autobiografischen Zügen und sprengte das Klischee, in das man sie sonst gepresst hatte. Für ihre Rolle als Vicky Lester in jenem Film erhielt sie den „Golden Globe" als beste Komödien- bzw. Musicaldarstellerin. Zudem nominierte man sie für den „Oscar" als beste Hauptdarstellerin, der aber später an Grace Kelly (1929–1982) ging, was Judy sehr enttäuschte.

Erste große Erfolge auf dem Fernsehbildschirm hatte Judy Garland bei „CBS" in „Ford Star Jubilee: The Judy Garland Special" (1955) und „General Electric Theatre. The Judy Garland Musical Special" (1956). Ihr Special „The Judy Garland Show" (1962) bei „CBS" mit Dean Martin (1917–1995) und Frank Sinatra (1915–1998) erhielt vier „Emmy"-Nominierungen. 1963/1964 produzierte „CBS" die wöchentliche „Judy Garland Show" mit 26 Folgen, die ihr drei weitere „Emmy"-Nominierungen bescherte. Unter den vielen Stargästen war auch ihre Tochter Liza Minelli

Für ihre Filmnebenrolle in dem preisgekrönten Drama „Judgement at Nuremberg" („Das Urteil von Nürnberg", 1961) wurde Judy Garland als beste Nebendarstellerin für den „Oscar" und den „Golden Globe" nominiert. 1963 sah man sie in „A Child Is Waiting" („Ein Kind wartet") und „I Could Go On Singing"

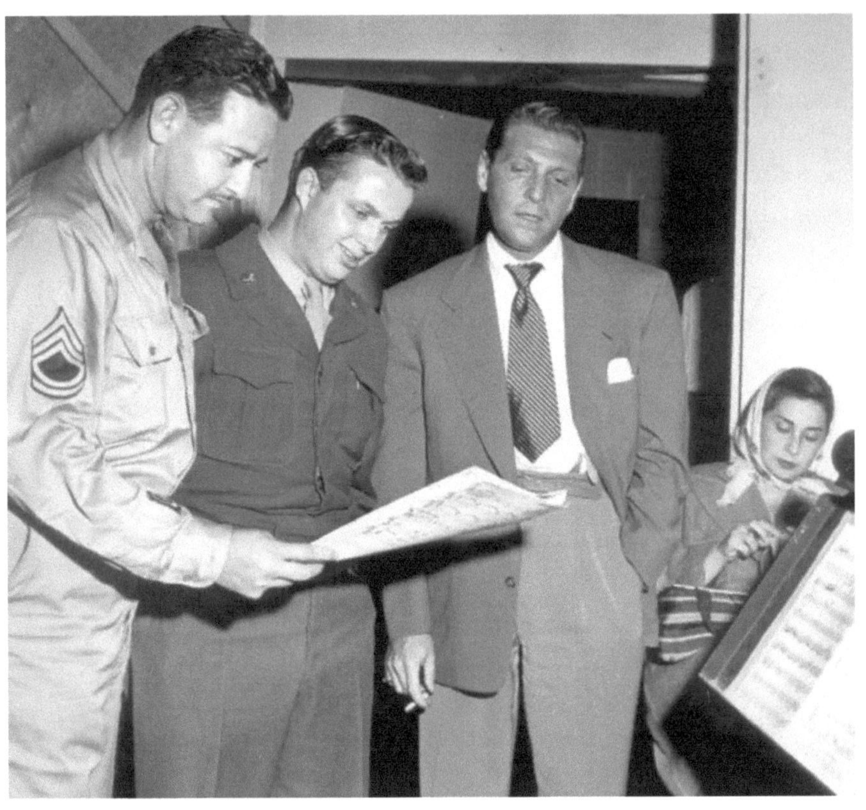

David Rose (1910–1990), dritter von links,
um 1946 bei der „AFRS Radio Show"

Judy Garland war fünf Mal verheiratet. 1941 vermählte sie sich mit David Rose (1910–1990), von dem sie 1945 geschieden wurde. Aus der von 1945 bis 1951 währenden Ehe mit dem Regisseur Vincente Minelli (1910–1986) stammt die 1946 geborene Tochter Liza Minelli. Von 1952 bis 1965 hielt die Ehe mit Sidney Luft, aus der die Tochter Lorna und der Sohn Joseph hervorgingen. Im November 1965 heiratete Judy den wesentlich jüngeren Schauspieler Mark Herron, trennte sich jedoch schon fünf Monate später von ihm und beantragte im Dezember 1966 die Anullierung dieser Ehe. Im März 1969 ehelichte sie den fast zwölf Jahre jüngeren New Yorker Filmtheaterbesitzer Mickey Deans. Letzterer arrangierte noch im selben Monat eine Konzerttour von Judy durch Skandinavien.

Die vielen kräftezehrenden Jahre bei „MGM", die Abhängigkeit von Aufputsch- und Schlafmitteln sowie eine schwere Hepatitis im Jahre 1969 forderten schließlich ihren Tribut. Am 22. Juni 1969 wurde 47-jährige Judy Garland von ihrem letzten Ehemann in ihrem eleganten Apartment in Chelsae (London) tot aufgefunden. Sie hatte nicht Selbstmord begangen, sondern war durch eine Überdosis von Schlafmitteln gestorben. Ihre Tochter Liza Minelli sagte über sie: „Sie lebte acht Leben in einem".

Judy Garland wurde am 27. Juni 1969 beigesetzt. Bis zu ihrem Tod galt sie als eine Ikone der schwulen Camp-Kultur. Bei einer Pressekonferenz in den 1960-er Jahren

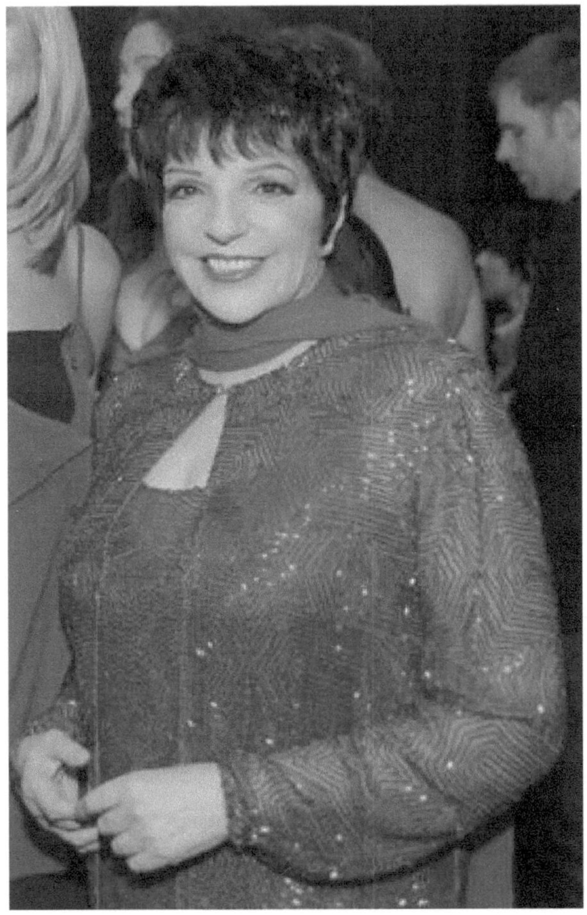

Garland-Tochter Liza Minelli im Februar 2008

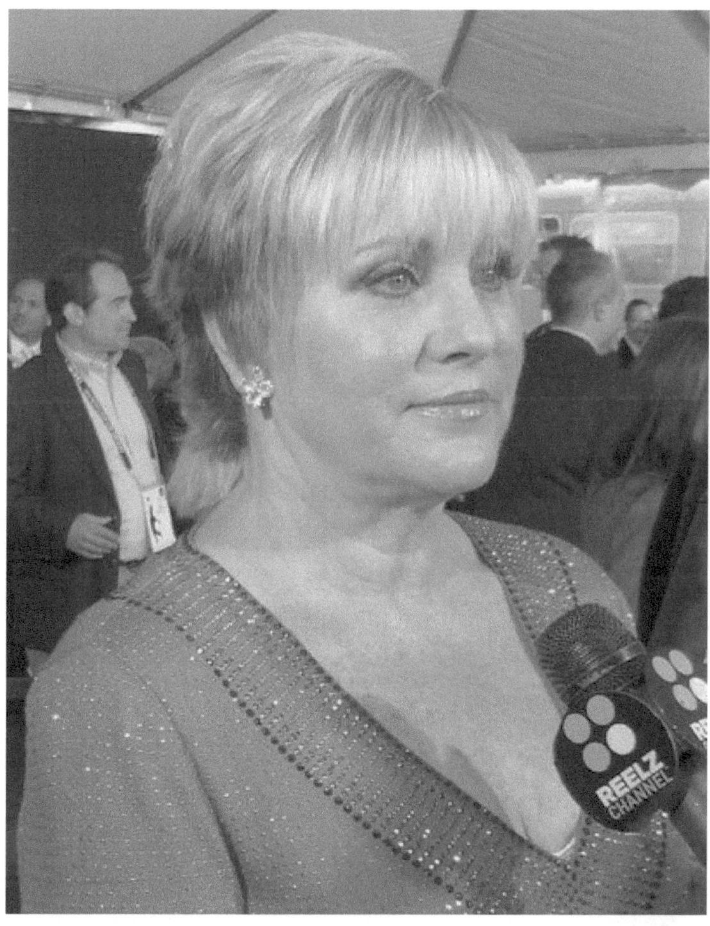

Garland-Tochter Lorna Luft im Mai 2010

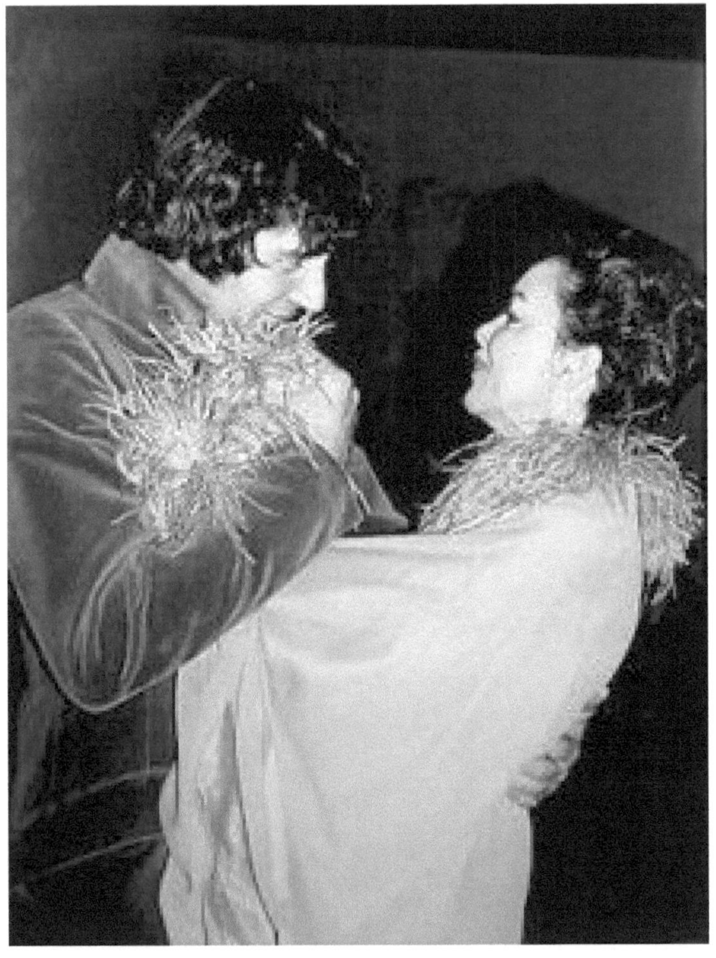

Hochzeitsfoto von Mickey Deans und Judy Garland
im März 1969

wurde sie von einem Reporter gefragt, ob sie sich ihrer schwulen Gefolgschaft bewusst sei. Ihre Antwort lautete: „Mir ist das so was von egal. Ich singe für Menschen".

Am Abend der Beerdigung von Judy Garland wehrten sich Schwule erstmals in der Schwulenkneipe „Stonewall Inn" in Greenwich Village gegen Routinekontrollen der Polizei. Jener unorganisierte „Stonewall-Aufstand" war der Ausgangspunkt für ein beschleunigtes Anwachsen der Lesben- und Schwulenbewegung und das Entstehen des internationalen „Christopher Street Day". „Obwohl Garlands Tod vor allem in der amerikanischen Community oft als ein Auslöser für dieses Schlüsselereignis angesehen wird, dürfte der zeitliche Zusammenhang nur Zufall sein", heißt es im Online-Lexikon „Wikipedia". Trotzdem wurden der Tod von Judy Garland, ihr Begräbnis und die Verknüpfungen zu Stonewall ein Teil der amerikanischen „LGBT"-Geschichte und Überlieferung. „LGBT" ist die Abkürzung von „Lesbian, Gay, Bisexual und Trans".

Nach dem Tod von Judy Garland erschienen mehr als zwei Dutzend Biografien in verschiedenen Sprachen über sie. Eine davon hieß „Me and My Shadows. A Family Memoir", stammte aus der Feder ihrer Tochter Lorna Luft und wurde später in einer Mini-Fernsehserie „Life with Judy Garland: Me and my Shadows" verfilmt.

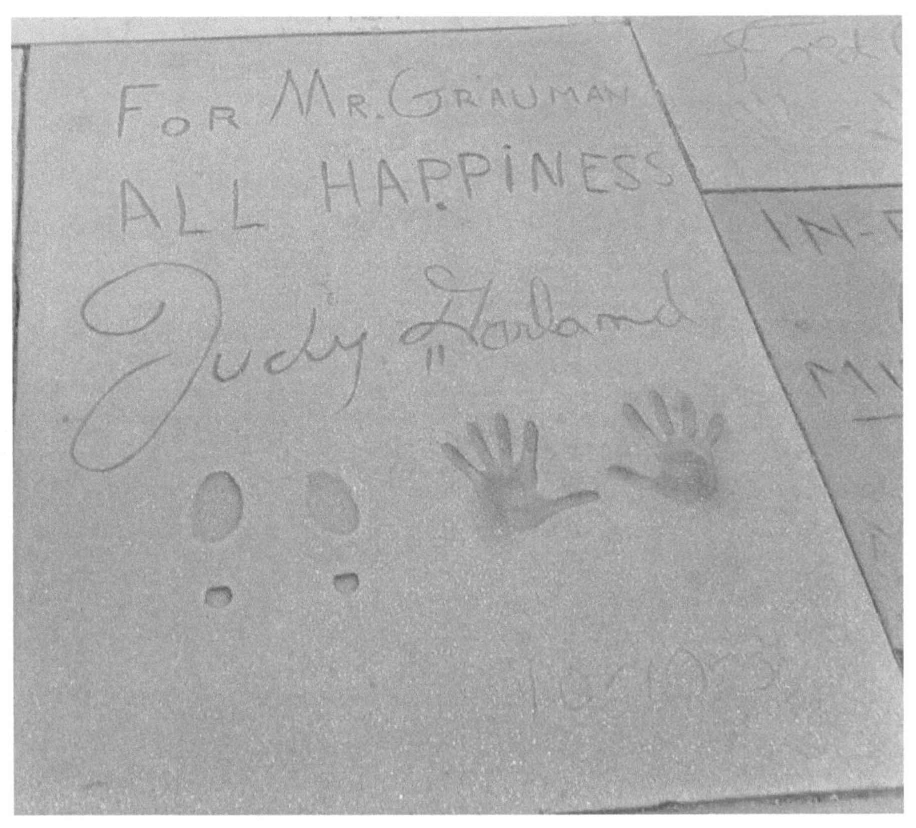

Hand- und Fußabdrücke von Judy Garland
vor dem Kino „Grauman's Chinese Theatre" in Hollywood

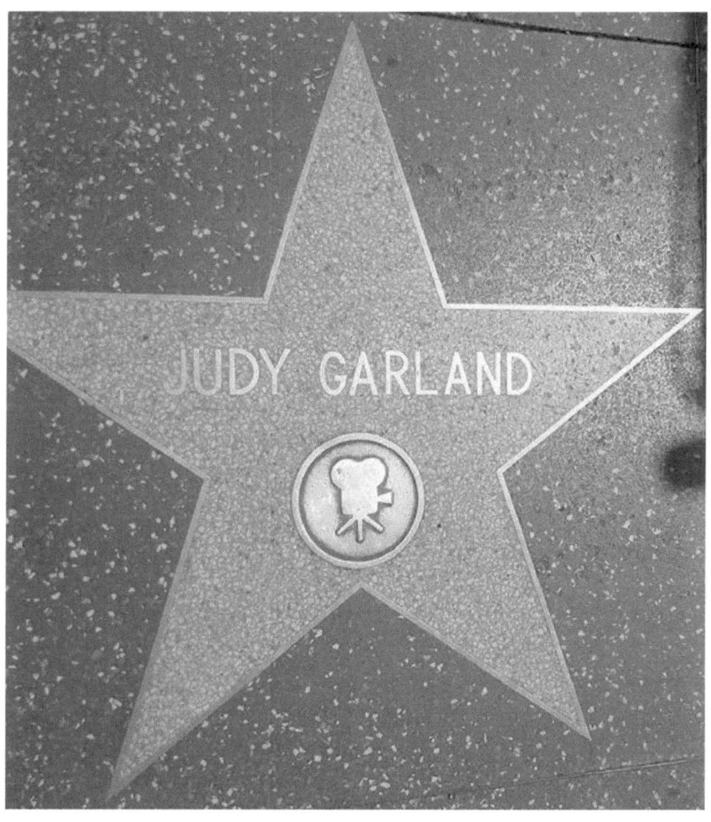

Stern für Judy Garland
auf dem „Hollywood Walk of Fame"

Das „American Film Institute" wählte Judy Garland auf Platz acht unter den größten weiblichen Filmstars aller Zeiten („Greatest Female Stars of All Time"). 1997 wurde Judy Garland posthum mit dem „Lifetime Achievement Award" ausgezeichnet. Viele ihrer Lieder wie „Over the Rainbow", „Have Yourself a Merry Little Christmas", „Get Happy", „The Trolley Song" und „The man that got Away" wurden in der „Grammy Hall of Fame" aufgenommen.

An Judy Garland erinnern Hand- und Fußabdrücke vor dem Premierenkino „Grauman's Chinese Theatre" in Hollywood und ein Stern auf dem „Hollywood Walk of Fame". Judy wurde in den USA auch zweimal auf einer Briefmarke abgebildet: 1969 als Dorothy aus „The Wizard of Oz" und 2006 als Vicky Lester aus „A Star is Born".

Filme von Judy Garland

1929: The Big Revue
1929: A History In Storyland
1929: The Wedding Of Jack And Jill
1929: Bubbles
1935: La Fiesta De Santa Barbara
1936: Every Sunday
1936: Pigskin Parade
1937: Broadway Melodie 1938 (Broadway Melody of 1938)
1937: Thoroughbreds Don't Cry
1938: Vorhang auf für Judy (Everybody Sing)
1938: Love Finds Andy Hardy
1938: Listen, Darling
1939: Der Zauberer von Oz (The Wizard of Oz)
1939: Musik ist unsere Welt (Babes in Arms)
1940: Andy Hardy Meets Debutante
1940: Heiße Rhythmen in Chicago (Strike Up the Band)
1940: Little Nellie Kelly
1941: Mädchen im Rampenlicht (Ziegfeld Girl)
1941: Life Begins for Andy Hardy
1941: Babes On Broadway
1942: For Me and My Gal

1943: Bühne frei für Lily Mars (Presenting Lily Mars)
1943: Thousands Cheer
1943: Girl Crazy
1944: Meet Me in St. Louis
1945: Urlaub für die Liebe (The Clock)
1946: The Harvey Girls
1946: Ziegfelds himmlische Träume (Ziegfeld Follies)
1946: Bis die Wolken vorüberziehen (Till the Clouds Roll by)
1948: Der Pirat (The Pirate)
1948: Osterspaziergang (Easter Parade)
1948: Words and Music
1949: Damals im Sommer (In the Good Old Summertime)
1950: Summer Stock
1954: Ein neuer Stern am Himmel (A Star Is Born)
1960: Pepe – Was kann die Welt schon kosten (Pepe)
1961: Das Urteil von Nürnberg (Judgment at Nuremberg)
1963: Ein Kind wartet (A Child Is Waiting)
1963: Bretter, die die Welt bedeuten (I Could Go On Singing)

Quelle: Wikipedia und Internet Movie Database

Eigene Fernsehshows von Judy Garland

(Auswahl)

1955: Ford Star Jubilee: The Judy Garland Special
1956: General Electric Theatre: The Judy Garland
Musical Special
1962: The Judy Garland Show
1963–1964: The Judy Garland Show (Serie,
26 Folgen)

Quelle: Wikipedia

Literatur

BOCK, Hans Michael: Garland, Judy. Aus: Lexikon filmschauspieler international, Band 1, A–K, S. 279–280, Reinbek bei Hamburg 1967
FEMBIO Frauen-Biographie-Forschung
http://www.fembio.org
INTERNET MOVIE DATABASE (Film-Datenbank)
http://www.imdb.com
JUNEAU, James: Judy Garland: Ihre Filme, ihr Leben, München 1984
PROBST, Ernst: Superfrauen 7 – Film und Theater, Mainz-Kostheim 2001
PUBLIKUMSLIEBLINGE NICHT NUR VON GESTERN http://www.steffi-line.de
Internetseite von Stephanie D'heil, Düsseldorf
WIKIPEDIA (Online-Lexikon)
WINNERT, Derek (Herausgeber): Janet Gaynor. Aus: Kino. Die große Welt der Filme und Stars, S. 94, Niedernhausen 1995

Bildquellen

Klaus Benz, Fotograf, Mainz-Laubenheim: 32
Library and Archives Canada (Foto vom 21. Oktober 1944): 10
Metro-Goldwyn-Mayer (MGM): 1 (Publicity still released by MGM)
Reproduktion eines Fotos eines Mitarbeiters der Streitkräfte der Vereinigten Staaten oder des Verteidigungsministeriums der Vereinigten Staaten um 1946: 14
Matt Anderson (Foto vom 20. November 2005): 6 (via Wikimedia Commons), Lizenz: gemeinfrei
Greg Hernandez/CC-BY2.0 http://www.flickr.com/photos/greginhollywood: 17 (via Wikimedia Commons), lizensiert unter CreativeCommons-Lizenz by-2.0-de
http://creativecommons.org/licenses/by/2.0/legalcode
JGKlein (Foto vom 9. Juli 2010): 21 (Wikimedia Commons): Lizenz: gemeinfrei
Native Foreigner (Foto vom 17. März 2010): 20 (via Wikimedia Commons), Lizenz: gemeinfrei

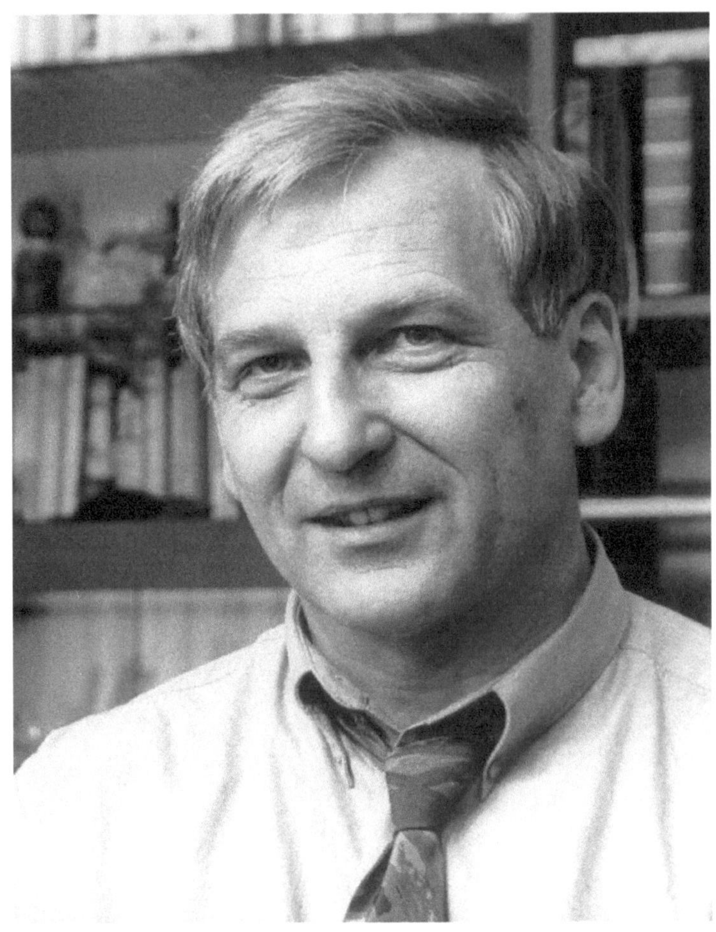

Autor Ernst Probst

Der Autor Ernst Probst

Ernst Probst, geboren am 20. Januar 1946 in Neunburg vorm Wald im bayerischen Regierungsbezirk Oberpfalz, ist Journalist und Wissenschaftsautor. Er arbeitete von 1968 bis 1971 als Redakteur bei den „Nürnberger Nachrichten", von 1971 bis 1973 in der Zentralredaktion des „Ring Nordbayerischer Tageszeitungen" in Bayreuth und von 1973 bis 2001 bei der „Allgemeinen Zeitung", Mainz. In seiner Freizeit schrieb er Artikel für die „Frankfurter Allgemeine Zeitung", „Süddeutsche Zeitung", „Die Welt", „Frankfurter Rundschau", „Neue Zürcher Zeitung", „Tages-Anzeiger", Zürich, „Salzburger Nachrichten", „Die Zeit", „Rheinischer Merkur", „Deutsches Allgemeines Sonntagsblatt", „bild der wissenschaft", „kosmos", „Deutsche Presse-Agentur" (dpa), „Associated Press" (AP) und den „Deutschen Forschungsdienst" (df). Aus seiner Feder stammen die Bücher „Deutschland in der Urzeit" (1986), „Deutschland in der Steinzeit" (1991) und „Deutschland in der Bronzezeit" (1996). Von 2001 bis 2006 betätigte sich Ernst Probst als Buchverleger sowie zeitweise als internationaler Fossilienhändler und Antiquitätenhändler. Insgesamt veröffentlichte er rund 200 Bücher, Taschenbücher, Broschüren und E-Books.

Bücher von Ernst Probst

(Auswahl)

Als Mainz noch nicht am Rhein lag

Annie Oakley
Die Meisterschützin des Wilden Westens

Archaeopteryx. Der Urvogel
aus Bayern

Christl-Marie Schultes. Die erste Fliegerin in Bayern
(zusammen mit Theo Lederer)

Cortés und Malinche. Der spanische Eroberer
und seine indianische Geliebte

Der Europäische Jaguar

Der Mosbacher Löwe
Die riesige Raubkatze aus Wiesbaden

Der Rhein-Elefant
Das Schreckenstier von Eppelsheim

Der Sögel-Wohlde-Kreis

Die nordische Bronzezeit in Deutschland

Die Hügelgräber-Kultur in Deutschland

Die ältere Bronzezeit in Nordrhein-Westfalen

Die Bronzezeit in der Lüneburger Heide

Die Stader Gruppe in der Bronzezeit

Die Oldenburg-emsländische Gruppe

Die Urnenfelder-Kultur in Deutschland

Die ältere Niederrheinische Grabhügel-Kultur

Die Unstrut-Gruppe

Die Helmsdorfer Gruppe

Die Saalemündungs-Gruppe

Die Lausitzer Kultur in Deutschland

Eiszeitliche Leoparden in Deutschland

Frauen im Weltall

Hildegard von Bingen. Die deutsche Prophetin

Höhlenlöwen. Raubkatzen
im Eiszeitalter

Julchen Blasius
Die Räuberbraut des Schinderhannes

Katharina II. die Große.
Die Deutsche auf dem Zarenthron

Johann Jakob Kaup
Der große Naturforscher aus Darmstadt

Königinnen der Lüfte in Deutschland

Königinnen der Lüfte in Europa

Königinnen der Lüfte in Amerika

Königinnen der Lüfte von A bis Z

Rund 70 Kurzbiografien berühmter Fliegerinnen,
Ballonfahrerinnen, Luftschifferinnen,
Fallschirmspringerinnen, Astronautinnen und
Kosmonautinnen

Königinnen des Films

Königinnen des Tanzes

Königinnen des Theaters

Malende Superfrauen

Meine Worte sind wie die Sterne

Die Entstehung der Rede des Häuptlings Seattle
(zusammen mit Sonja Probst)

Monstern auf der Spur
Wie die Sagen über Drachen, Riesen
und Einhörner entstanden

Neues vom Ur-Rhein
Interview mit dem Geologen und Paläontologen
Dr. Jens Sommer

Österreich in der Frühbronzezeit

Österreich in der Mittelbronzezeit

Österreich in der Spätbronzezeit

Pompadour und Dubarry. Die Mätressen
von Louis XV.

Raub-Dinosaurier von A bis Z.
Mit Zeichnungen von Dmitry Bogdanav
und Nobu Tamura

Rekorde der Urmenschen
Erfindungen, Kunst und Religion

Rekorde der Urzeit
Landschaften, Pflanzen und Tiere

Säbelzahnkatzen. Von Machairodus
bis zu Smilodon

Säbelzahntiger am Ur-Rhein. Machairodus
und Paramachairodus

Superfrauen aus dem Wilden Westen

Superfrauen 1 – Geschichte

Superfrauen 2 – Religion

Superfrauen 3 – Politik

Superfrauen 4 – Wirtschaft und Verkehr

Superfrauen 5 – Wissenschaft

Superfrauen 6 – Medizin

Superfrauen 7 – Film und Theater

Superfrauen 8 – Literatur

Superfrauen 9 – Malerei und Fotografie

Superfrauen 10 – Musik und Tanz

Superfrauen 11 – Feminismus und Familie

Superfrauen 12 – Sport

Superfrauen 13 – Mode und Kosmetik

Superfrauen 14 – Medien und Astrologie

Tony und Bruno Werntgen. Zwei Leben für die Luftfahrt
(zusammen mit Paul Wirtz)

Was ist ein Menhir?
Interview mit dem Mainzer Archäologen
Dr. Detert Zylmann

Weisheiten der Indianer

Wer ist der kleinste Dinosaurier?
Interviews mit dem Wissenschaftsautor Ernst Probst

Wer war der Stammvater der Insekten?
Interview mit dem Stuttgarter Biologen
und Paläontologen Dr. Günther Bechly

Zenobia von Palmyra.
Eine Frau kämpft gegen die Römer

Bestellungen bei: http://www.grin.com